CHANSONS

COMPOSÉES

PAR M. JEAN-BAPTISTE-MICHEL P***

Ancien Commissaire-Priseur à Paris

PARIS
TYPOGRAPHIE LACRAMPE FILS ET COMP.
RUE DAMIETTE, 2.

1847

Y

Ro   24537

CHANSONS

CHANSONS

COMPOSÉES

PAR M. JEAN-BAPTISTE-MICHEL P***

Ancien Commissaire-Priseur à Paris.

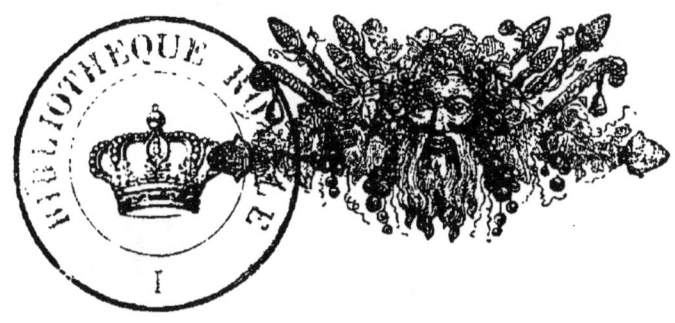

PARIS
TYPOGRAPHIE LACRAMPE FILS ET COMP.
RUE DAMIETTE, 2.

1847

CHANSONS

I.

LA PAILLE.

Air : *Un homme pour faire un tableau, etc.*

Vous me demandez du nouveau :
Allons, muse, invente, imagine ;
Fais éclore de mon cerveau
Une œuvre légère et badine :
La paille ? Eh ! oui, ce sujet-là
Peut être une heureuse trouvaille ;
D'après ton ordre, me voilà
Prêt à m'étendre sur la paille.

Avant de chanter ces couplets,
Je dois vous dire en confidence
Que, tout brave que je parais,
J'ai besoin de votre indulgence.
Sur ce sujet si peu nouveau,
En vain mon pauvre esprit travaille,
Et bien faible est mon chalumeau,
Ce n'est qu'un chalumeau de paille.

De Lise l'on vante partout
La fraîcheur et la grâce extrême,
La pose de son joli cou,
Ses blonds cheveux en diadème ;
Oui, mais je dis que ses attraits,
Et ne croyez pas que je raille,
Sont plus gracieux et plus frais
Sous l'élégant chapeau de paille.

Damis, ce baron si vanté,
Qui distribue et rangs et places,
Et qui de plus d'une beauté
Sans peine obtient les bonnes grâces,
Qui sur l'édredon mollement
Se repose, sommeille et bâille,
Ne doit sa fortune et son rang
Qu'aux frauduleux marchés de paille.

Mon père, dit avec candeur
Un moine qu'on croyait novice,
J'ai quelque péché sur le cœur.
Que par la paille on le punisse.
Ah ! comme dans sa barbe il rit !
C'est sa mie à la fine taille
Qu'il dépose dans son réduit
Autour d'une botte de paille.

De la froideur de son époux
Ursule se plaignait à Claire,
Qui lui dit : Tenez, entre nous,
C'est aujourd'hui chose ordinaire ;
Voulez-vous suivre mon avis ?
Je le livre, vaille que vaille :

De la paille formez un lit,
Le feu prend bien vite à la paille.

Dans ce grand siècle industriel,
Où maint chevalier d'industrie,
A l'esprit très-superficiel,
Ne fait rien que par compagnie,
O capitaliste imprudent,
Prends garde à cette valetaille ;
Dans leurs affaires le gérant
Est toujours un homme de paille.

II.

L'AVOCAT.

Air : *Tout le long, le long de la rivière.*

Il faut vous peindre l'avocat ;
C'est un sujet bien délicat :
Si, par un trait mordant, caustique,
J'allais de la docte boutique
Exciter ici le courroux !
Grand Dieu ! gardez-moi de leurs coups !
Je vous le dis, amis, en confidence,
De leur langue, hélas ! je crains l'intempérance (*bis*).

Vous le peindrai-je à son début,
A la peur payant un tribut ;
Parlant sans suite, sans mesure ;
Parfois dans une phrase obscure

Étant tout prêt à se noyer ?
Mais il reprend son plaidoyer :
Ne craignez rien, il a de l'assurance,
Et sa langue, hélas ! beaucoup d'intempérance (*bis*).

Voyez cet honnête client,
Pour sa cause lui confiant
Nombre de dossiers et de pièces ;
Comme il ne parle pas d'espèces,
Il est reçu bien froidement,
Et reconduit très-sèchement.
Pour l'avocat, amis, la chose est claire,
L'or n'est point, hélas! n'est point une chimère (*bis*).

Quand il a grossi son trésor,
Notre avocat aspire encor
A de plus hautes destinées;
Il intrigue, et, dans peu d'années,
Il obtient un poste important,
Et du peuple est représentant.
Quoique occupé des intérêts des autres,
Il faut bien, dit-il, soigner aussi les nôtres (*bis*).

Si de nos jours on reconnaît
Maint avocat dans ce portrait,
Beaucoup, et je le certifie,
Dignes de notre sympathie,
Font, avant tout, hommes de cœur,
Leur noble état avec honneur.
Amis, tout haut ici je le proclame,
On trouve souvent chez eux une belle âme (*bis*).

III.

CHACUN DIT : MON GOUT EST LE BON.

Air : *Du calife de Bagdad.*

Mes chers amis, dans cette vie,
Chacun a son goût, sa folie :
Soit à tort, soit avec raison,
Chacun dit : Mon goût est le bon.

Celui-ci veut que de sa belle
Partout on cite la beauté ;
Celui-là, plus discret, appelle
Sur ses amours moins de clarté.
Mes chers amis, etc.

L'un ne trouve que dans la ville
Et les amours et les plaisirs ;
A vivre dans un champ tranquille
Un autre borne ses désirs.
Mes chers amis, etc.

Au sein de la plage liquide
Celui-ci rêve le bonheur ;
Loin de cet élément perfide
Celui-là fuit avec horreur.
Mes chers amis, etc.

En tout temps on a vu l'avare
Se complaire dans son trésor ;

Et, par un contraste bizarre,
Le prodigue jeter son or.
Mes chers amis, etc.

L'un, pour atteindre le Permesse,
A travailler passe les nuits ;
Et nuit et jour à la paresse
L'autre se livre sans soucis.
Mes chers amis, etc.

Sans cesse être en route, en voyage,
Pour tel et tel a mille appas ;
Et du clocher de son village
Tel autre ne s'éloigne pas :
Mes chers amis, etc.

Et la vapeur, et sa vitesse
Ont pour l'un des attraits nouveaux ;
L'autre préfère, avec sagesse,
Le trot paisible des chevaux.
Mes chers amis, etc.

IV.

LES QUATRE SAISONS.

Air : *Prenons d'abord l'air bien méchant.*

Déjà l'été fuit loin de nous,
On sent l'air brumeux de l'automne ;
Mais convenez qu'il est bien doux

D'être entre Bacchus et Pomone.
Si l'un rend nos pas chancelants
Par sa liqueur vive et brillante,
L'autre rafraîchit tous nos sens
Par une saveur bienfaisante.

Après l'automne, on voit venir
L'hiver au front triste et sévère,
Que Dieu, dit-on, pour nous punir,
Nous impose dans sa colère.
Mais, pour adoucir sa rigueur,
Le bois dans nos foyers pétille,
Et du vin la douce chaleur
Fait qu'au foyer la gaîté brille.

Quoique pressé par tous nos vœux,
Le printemps lentement s'avance :
Quel beau spectacle il offre aux yeux !
La végétation commence ;
Déjà l'espoir naît dans nos cœurs ;
La nature n'est plus flétrie,
Les arbres se couvrent de fleurs :
Ah ! c'est l'aurore de la vie !

L'été, par ses fortes chaleurs,
Opère une métamorphose :
Ces jeunes et brillantes fleurs
Sont autant de fruits qu'il compose.
Sur les arbustes, les moissons,
Son influence est sans seconde,
Et le soleil, de ses rayons,
Sous son règne échauffe le monde.

V.

LE CÉLIBATAIRE.

Air : *Tout le long, le long de la rivière.*

Vous avez résolu, dit-on,
De rester à jamais garçon ;
C'est pour vous le bonheur suprême
D'être maître entier de vous-même ;
Mais moi, mon cher, je suis époux,
Et mon sort me semble bien doux.
Ce que j'en dis n'est pas pour vous déplaire ;
Vraiment, il est beau d'être célibataire,
Il est beau d'être célibataire.

Votre maîtresse est toute à vous,
Et jamais de dépits jaloux ;
Mais un soir l'ardeur vous transporte ;
En vain vous frappez à sa porte.
Moi, quand j'entre dans mon réduit,
On m'ouvre, on m'accueille sans bruit.
Ce que j'en dis, etc.

Vous voilà tous deux désunis,
On a recours à des amis.
L'un, franc, excite votre bile ;
L'autre, sournois, vous rend docile.
S'il est chez nous un différend,
Qui l'apaise, c'est notre enfant.
Ce que j'en dis, etc.

De retour dans votre logis,
Vous éprouvez chagrins, ennuis ;
C'est en vain que, pour vous distraire,
Vous lisez Sénèque ou Molière :
Il vous faudrait un confident ;
Moi, j'ai le mien à chaque instant.
Ce que j'en dis, etc.

Vous avez formé le projet
De voler d'objet en objet.
Mais, dans votre amoureuse ivresse,
Vous rencontrez une traîtresse
Qui vous fait un mal plus cuisant :
Vous buvez l'eau, moi le vin blanc.
Ce que j'en dis, etc.

La goutte vient vous assaillir,
Vers vous vous voyez accourir
Un docteur à la mine sèche,
Une garde à l'air bien revêche ;
Et moi, si ce mal me surprend,
J'ai pour me soigner mon enfant.
Ce que j'en dis, etc.

Enfin, sur le déclin des ans,
Voici venir tous vos parents ;
Ils vous accablent de caresses,
Pour avoir part dans vos largesses ;
Ils se disputent votre bien :
Écoutez donc leur entretien.
Ce que j'en dis, etc.

VI.

L'AMOUR A PASSÉ PAR LA.

RONDE.

Air : *On est sûr d'avoir nos filles quand on tient de c'te branche-là.*

Lucas passait au village
Pour un gars de bonne humeur ;
Bientôt il devient sauvage
Et sombre, et triste et rêveur.
Sur ce mal, qui la chagrine,
Sa mère en vain consulta :
Bah ! lui dit une voisine,
L'amour a passé par là.

En vain l'on propose à Claire
Le riche Alain pour époux ;
Mon sort auprès de mon père,
Dit-elle, est pour moi fort doux.
Mais dans ses yeux on sait lire
Pour qui son cœur refusa,
Et sans crainte l'on peut dire :
L'amour a passé par là.

Clitandre, dans son jeune âge,
Avec peine travaillait ;
Sa cousine, belle et sage,
Sur ce défaut le raillait.
A vingt ans, par son langage,

Par son esprit il brilla,
Et vous, vous dites, je gage :
L'amour a passé par là.

Dans les plaisirs, dans l'orgie,
On vit bien souvent Dorval
Passer sans regret sa vie ;
Mais, un soir, il vit au bal
La douce et charmante Elvire,
Et de conduite il changea.
Encore un dont on peut dire :
L'amour a passé par là.

VII.

MON AMIE.

ROMANCE.

Air : *Colin, Colin, sois-moi fidèle.*

Quoique bien loin de douce amie,
Je crois et l'entendre et la voir ;
Est-ce délire ? est-ce folie ?
Écoutez tous pour le savoir :

Un certain jour, dans la feuillée,
Je guidais mes pas incertains ;
Soudain mon âme est agitée :
J'entends, dans les taillis lointains,
Courir une nymphe légère,

Au teint de rose, aux blonds cheveux,
A taille fine, à marche fière,
Les yeux baissés et langoureux.

    Quoique, etc.

Une autre fois, à la soirée,
Une belle essayait des chants ;
De plaisir mon âme enivrée
Crut reconnaître ses accents :
Elle dit d'un cœur faible et tendre
Tous les combats, tous les tourments ;
Sa raison dut bien nous surprendre ;
Mais sa voix ravit tous mes sens.

    Quoique, etc.

Les chants finis, sur cette belle
Je fixai mes yeux attendris.
C'est mon amie ! oui, c'est bien elle !
Même regard, même souris ;
On remarque sur son visage
Un air souvent triste et rêveur ;
Son maintien est modeste et sage,
Ah ! pour moi quelle douce erreur !

On peut donc loin de son amie,
Toujours et l'entendre et la voir.
Convenez-en, cette folie,
Chacun de nous voudrait l'avoir.

VIII.

LA BELLE AUX YEUX BLEUS.

Air : *Jeune fille aux yeux noirs, etc.*

Belle fille aux yeux bleus, pour régner en nos âmes,
Le ciel te prodigua mille dons enchanteurs ;
A ton âge, tu peux brûler de mille flammes
Les plus indifférents, les plus farouches cœurs.
   Belle et fière,
   De te plaire
   Sages, fous,
   Sont jaloux ;
   Et quel être
   Ne peut être
   Amoureux
   Des yeux bleus ?

Cet azur que le ciel sur le globe projette
N'égale pas encor l'azur de tes beaux yeux,
Et le cristal de l'onde, alors qu'il le reflète,
Ne saurait nous offrir rien de plus radieux.
   Belle et fière, etc.

Ainsi que le zéphyr, qui doucement caresse
Cette rose, et lui rend son éclat, sa fraîcheur ;
De même tes yeux bleus, exhalant la tendresse,
Répandent dans les sens une nouvelle ardeur.
   Belle et fière, etc.

IX.

COUPLETS SUR L'AMOUR.

Air : *Tu ne vois pas, jeune imprudent, etc.*

Contre l'amour, remarquez-vous,
Dans son humeur atrabilaire,
Ce frondeur et sec et jaloux
Porter un jugement sévère ?
Mais, c'est en vain, pour le blâmer
Qu'il cherche des raisons valables ;
Car, si c'est un crime d'aimer,
Le monde est rempli de coupables.

Il est des êtres malheureux
Que poursuit sans aucune trêve
Le sort injuste et rigoureux :
D'amour laissez-lui le doux rêve ;
Qu'il s'empresse de ranimer
Leur existence endolorie ;
Leur ôter le plaisir d'aimer,
Ce serait leur ôter la vie.

A celui qu'ont vieilli les ans
Et qui voit finir sa carrière,
Le frondeur dit : « Il n'est plus temps
Pour vous ni d'aimer, ni de plaire. »
Sans doute, il ne peut plus charmer,
Ainsi qu'au printemps de sa vie ;
Mais il sent le besoin d'aimer,
Pardonnez-lui cette folie.

Faible ou fou, et petit ou grand,
Jeune, vieux et souvent austère,
Aux traits de ce malin enfant,
Nul de vous ne peut se soustraire.
Gardez-vous donc de déclamer
Contre des travers excusables ;
Car, si c'est un crime d'aimer,
Le monde est rempli de coupables.

X.

HAIR EST UNE FOLIE.

Air : *Quand Dieu, pour peupler la terre, etc.*

On maudit son existence
Pour le plus petit chagrin ;
On dit : Je n'aime plus rien.
Contre tout le genre humain
On ne rêve que vengeance ;
Mais bientôt tout ce courroux
Cède à ce refrain si doux :
Haïr est une folie ;
Aimer, voilà le vrai bien.
Non, non, jamais, dans la vie,
Il ne faut jurer de rien.

On dit que votre maîtresse
Et vous trompe et vous trahit,
Et vous accueillez ce bruit.

Vous jurez, dans le dépit
De cet acte qui vous blesse,
De la haïr à jamais :
Vous croyez le faire ; mais,
Haïr est une folie ;
Aimer, voilà le vrai bien.
Non, non, jamais dans la vie,
Il ne faut jurer de rien.

Cet artiste que l'envie,
De son souffle venimeux,
Poursuit, hélas ! en tous lieux,
De son destin malheureux
Se plaint et maudit la vie ;
Mais un minois séduisant
Le console en lui disant :
Haïr est une folie ;
Aimer, voilà le vrai bien.
Du courage ! dans la vie
Ne désespérons de rien !

Une longue maladie
Nous fait bien souvent haïr
Et le monde et le plaisir.
Nous rêvons un avenir
Qui doit flétrir notre vie ;
Mais, vienne un meilleur destin,
Nous nous écrîrons soudain :
Haïr est une folie ;
Aimer, voilà le vrai bien.
Du courage ! dans la vie
Ne désespérons de rien !

XI.

IL FAUT S'ACCOUTUMER A TOUT.

Air : *Moi je me dis, sur le rivage :*
Il faut s'accoutumer à tout.

Le sort se montre-t-il contraire
A mes desseins, à mes projets,
Bien loin que je me désespère,
Je travaille sur nouveaux frais.
Oui, telle est ma philosophie,
Rien ne peut me pousser à bout ;
Et je me dis : Dans cette vie,
Il faut s'accoutumer à tout.

On me trouvait, dans mon jeune âge,
Brillante de santé, d'appas ;
Et d'amants la troupe volage
Alors se pressait sur mes pas.
Aujourd'hui, malgré mon envie,
Je ne vois que froideur partout,
Et je sens que, dans cette vie,
Il faut s'accoutumer à tout.

Voyez, sur la mer orageuse,
Ce leste et hardi matelot,
Malgré mainte vague écumeuse,
Remettre un bâtiment à flot ;
Bravant l'élément en furie,
On l'entend répéter partout :

Mes chers amis, dans cette vie,
Il faut s'accoutumer à tout.

On voit, malgré son industrie,
Un homme près de couler bas,
Et, victime d'un incendie,
Un fabricant dans l'embarras.
Oui, mais grâce à leur énergie,
Ils se relèvent tout à coup ;
Vous voyez que, dans cette vie,
Il faut s'accoutumer à tout.

Quand les Français, avec ivresse,
Choisirent Philippe pour roi,
Il accepta, je le confesse,
Un rude et bien pénible emploi ;
Mais son âme était aguerrie ;
Nous le vîmes calme partout.
Il s'était dit : Dans cette vie,
Il faut s'accoutumer à tout.

On vit plus d'un ami fidèle
Suivre en exil Napoléon ;
Et sur cette rigueur cruelle
Se déchaîner avec raison.
Calmez, dit-il, votre furie ;
Du sort c'est là le dernier coup.
Eh ! mes amis, dans cette vie,
Il faut s'accoutumer à tout.

ENVOI.

O vous, qui, remontant ma lyre,
M'avez inspiré ces couplets,

Que toujours votre doux sourire
Se montre à mes yeux satisfaits.
Aimez-moi, même à la folie,
Je ne m'en plaindrai pas du tout.
Je me suis dit : Dans cette vie,
Il faut s'accoutumer à tout.

XII.

AVIS AUX JEUNES MARIÉS.

Air : *On dit que je suis sans malice.*

On vous dit que le mariage
Est une chaîne, un esclavage ;
Et l'on en glose, et l'on en rit ; *(bis.)*
Mais ne vous mettez pas en peine,
Vous rendrez douce cette chaîne
Avec du tact et de l'esprit. *(bis.)*

Si votre époux est infidèle,
S'il courtisait une autre belle,
Point de scandale, point de bruit : *(bis.)*
Montrez-lui la même tendresse ;
Vers vous il reviendra sans cesse,
Avec du tact et de l'esprit. *(bis.)*

Si votre épouse, un peu coquette,
Rendait votre humeur inquiète,
Point de courroux, point de dépit : *(bis.)*

Comblez-la de faveurs nouvelles,
Vous verrez revenir la belle,
Avec du tact et de l'esprit. (*bis.*)

Dessous cette voûte azurée,
Dans la plus brillante journée,
Parfois l'horizon s'obscurcit : (*bis.*)
Si chez vous s'élève un nuage,
Il peut le dissiper, le sage,
Avec du tact et de l'esprit. (*bis.*)

XIII.

COUPLETS

COMPOSÉS POUR LE MARIAGE DE M. ALFRED D..., AVEC Mlle LOUISE B...,
EN 1838.

Air connu.

De tous côtés on répète
Que vous avez mille attraits,
Beau maintien, taille bien faite,
Lèvres roses et teint frais ;
De vos yeux le doux sourire
Vient parfois troubler nos sens ;
Oui, mais vous savez nous dire :
Tout ça passe, tout ça passe avec le temps.

Eh bien ! ce qu'en vous j'admire,
C'est un cœur et noble et grand

Que la raison guide, inspire,
Qui jamais ne se dément;
C'est une âme peu commune,
Prête aux généreux élans,
Estimant peu la fortune,
Et ça reste, oui, ça reste en dépit du temps.

Amis, on vit la nature
Avare dans tous les temps;
Mais sur elle, sans mesure,
Elle versa ses présents.
OEil noir et mine jolie,
Ah! que d'objets séduisants!
Mais tout bas Louise s'écrie :
Tout ça passe, tout ça passe avec le temps.

Ah! Minerve à sa naissance,
Sans aucun doute, assista,
D'une rare intelligence
Et d'un tact fin la dota;
Son esprit sage à l'extrême
Est juste et rempli de sens;
Partout on l'estime, on l'aime,
Et ça reste, oui, ça reste en dépit du temps.

XIV.

COUPLETS

COMPOSÉS POUR LE MARIAGE DE M. ÉMILE D... AVEC Mlle ERNESTINE C...,
EN 1836.

Air : *Jeune fille aux yeux noirs, etc.*

C'est le plus beau des jours, le jour où l'hyménée
De deux cœurs embrasés va serrer les doux nœuds ;
Notre âme, en ce moment, de plaisir enivrée,
Ne rêve, n'entrevoit qu'un avenir heureux :

> On désire,
> On soupire,
> Et l'instant
> Qu'on attend
> Dans notre être,
> Ah ! fait naître
> Mille feux
> Amoureux.   *Bis.*

Gardez, jeunes époux, ah ! gardez donc sans cesse
Ce feu que l'hyménée a fait naître en vos cœurs ;
Qu'à jamais, entre vous, une égale tendresse
Ne vous fasse éprouver que plaisirs et douceurs.

> De sa mie,
> Bien chérie,
> Un époux
> Sage et doux
> Peut bien faire,
> Je l'espère,
> Sans effort,
> Le doux sort.   *Bis.*

Par un heureux accord la vie est embellie,
Et l'on peut de ses ans ainsi charmer le cours ;
Chassez, oui, répudiez la triste jalousie,
Qu'elle ne trouble pas vos joyeuses amours.

> Cette chaîne,
> Que sans peine
> Vous formez,
> Vous saurez
> Bien la rendre   *Bis.*
> Douce et tendre ;
> Ah ! pour moi,
> Je le croi.

XV.

COUPLETS

COMPOSÉS POUR LE MARIAGE DE M. RAISON, RESTAURATEUR,
A L'ENSEIGNE DE LA FOLIE.

Air : *J'ai vu partout dans mes voyages.*

Sous ces voûtes où la folie
Fait entendre ses gais accents,
Ma voix n'est-elle pas hardie
D'y mêler ses modestes chants ?
N'est-ce pas être téméraire
D'avoir ici l'ambition
De pouvoir aujourd'hui vous plaire
Et vouloir vous chanter *raison ?*

Sans prétendre à la renommée
De ces restaurateurs fameux,
Sa cuisine bien parfumée
Plaît au goût et flatte les yeux ;
On voit l'homme sage, économe,
Gaîment se rendre à sa maison,
Et tout bas dit le gastronome :
Allons là, nous aurons *raison*.

Vous faut-il, pour un tête-à-tête,
Un petit endroit bien discret ;
Désirez-vous, pour une fête,
Un salon vaste à décors frais ?
Enfin, pour un beau mariage,
Faut-il et repas et violon ?
Vous agirez en homme sage
De vous entendre avec *Raison*.

Si mon humeur un peu badine
A plaisanté sur votre nom,
Pardonnez à votre cousine :
Elle vous aime avec *raison*.
Chacun ici, j'en suis certaine,
A pour vous même affection ;
Et grande serait notre peine
Si nous avions perdu *Raison*.

XVI.

LA VEILLÉE D'AUTREFOIS

ET LA SOIRÉE D'AUJOURD'HUI.

AIR : *De la Veillée d'Ovinska.*

Dans ce siècle on ne voit plus guère
Ce qu'on pratiquait autrefois,
Lorsque le soleil, sept grands mois,
S'éloigne de notre hémisphère ;
Dans une salle réunis,
Vieillards et jeunesse éveillée
Faisaient, libres de tous soucis,
 En commun (*bis*) la veillée.

Chacun apportait son ouvrage
Et s'occupait utilement ;
Ces travaux, faits assidûment,
Tournaient au profit du ménage ;
Du village le plus instruit,
Avec une histoire embrouillée,
Savait, en brodant son récit,
 Prolonger (*bis*) la soirée.

L'Amour, qui partout règne en maître,
Trouvait accès dans plus d'un cœur ;
Mais là, jamais aucun malheur
Son influence ne fit naître ;
Tous serments étaient respectés,

Point de promesse violée !
Aussi, partout étaient cités
   Les amours (*bis*) de la veillée.

C'est un jour de chaque semaine
Qu'aujourd'hui le monde élégant
Reçoit dans un salon brillant
Des amis qu'il connaît à peine :
De vous on médit, en entrant,
Et votre mise est censurée ;
Cela s'appelle maintenant
   Une grande (*bis*) soirée.

Une élégante demoiselle
Vient se placer au piano,
Et d'un long et bruyant morceau
Vous fatigue, hélas ! la cervelle.
Puis d'un amateur on entend
La voix grêle et mal assurée ;
Voilà ce qu'on nomme à présent
   Une grande (*bis*) soirée.

C'est du fin fond de la Hongrie
Que, pour remplacer l'entrechat,
On a fait venir la *Polka*,
Qui dans nos salons fait furie.
Mais on devra plus d'un faux pas
A cette danse évaporée ;
Et pourtant, sans elle il n'est pas
   De brillante (*bis*) soirée.

XVII.

LA GRISETTE ET LA LORETTE.

AIR : *Ces fleurs sont là parfaitement.*

En amis pour moi bienveillants,
Je vous ai vus parfois sourire
Aux simples et modestes chants
Échappés de ma faible lyre.
Mais, hélas! je crains d'être ici
Un bien maladroit interprète,
En voulant chanter aujourd'hui
Et la grisette et la lorette.

C'est dans le vieux quartier latin
Que va se loger la grisette :
Au haut d'un escalier sans fin,
Sous les combles, est sa chambrette;
Sa fenêtre est sans nul rideau,
Sans matelas est sa couchette ;
Sa fontaine est souvent sans eau,
Faute, comme on dit, de sonnette.

Le carabin, l'élève en droit,
Tour à tour sont admis chez elle,
Et tour à tour ont même droit
Au cœur, aux faveurs de la belle.
Le dimanche, elle danse au Prado,
Ou bien à la grande Chaumière,

Après avoir, chez Fricoteau,
Pris pour dix sous un ordinaire.

La grisette a l'œil bien fripon,
Le pied léger, la taille fine ;
Son bonnet, noué sous le menton,
Lui donne une agaçante mine.
De ses charmes si tu t'éprends,
Bourgeois, ne fais pas d'imprudence;
Sa fontaine rend en tout temps
De l'eau qui n'est pas de Jouvence.

C'est au nouveau quartier Breda,
Où plus d'une maison coquette
Depuis quelque temps s'éleva,
Que vient s'installer la lorette.
Son mobilier est Pompadour,
Sa demeure est digne d'un ange.
Qui paîra tout cela ? L'amour
D'un sixième d'agent de change !

Commis, banquier, courtier-marron,
A l'envi briguent sa conquête,
Et sont admis dans le salon
De la trop sensible lorette ;
Mais c'est sur le milord anglais
Qu'elle fonde ses espérances,
Pour acquitter quelques billets
Et consolider ses finances.

De la mode suivant le ton,
On voit bien souvent la lorette,
Ainsi qu'un moderne lion,

Fumer plus d'une cigarette.
Et le Champagne et le Bordeaux
Ont des attraits si grands pour elle,
Qu'un dîner fin aux Provençaux
Ne la trouve jamais cruelle.

CONCLUSION.

La grisette est simple en ses goûts,
Mais elle a l'humeur tracassière.
Avec des dehors assez doux,
La lorette est fausse et colère.
Laissons l'une et l'autre à l'écart ;
Que le diable les accompagne !
L'une aime trop le bal Chicard,
Et l'autre boit trop de Champagne.

XVIII.

COUPLETS

A M. ÉDOUARD C***, QUI NE VOULAIT PAS PORTER LA DÉCORATION
DE LA LÉGION D'HONNEUR.

Air connu.

Sur la poitrine d'un faux brave
Parfois cette étoile brilla,
Et sur le cœur d'un vil esclave
Le pouvoir aussi l'attacha ;

Mais de l'honneur ce noble signe,
Ta valeur sut le mériter,
Et Napoléon t'en crut digne :
Édouard, tu peux le porter.

Quand des rois la ligue ennemie
Nous écrasait à Waterloo,
Des braves tu faisais partie
Et ne quittais pas ton drapeau.
Oui, de l'honneur ce noble signe,
Ta valeur sut le mériter ;
Napoléon t'en jugea digne :
Edouard, tu peux le porter.

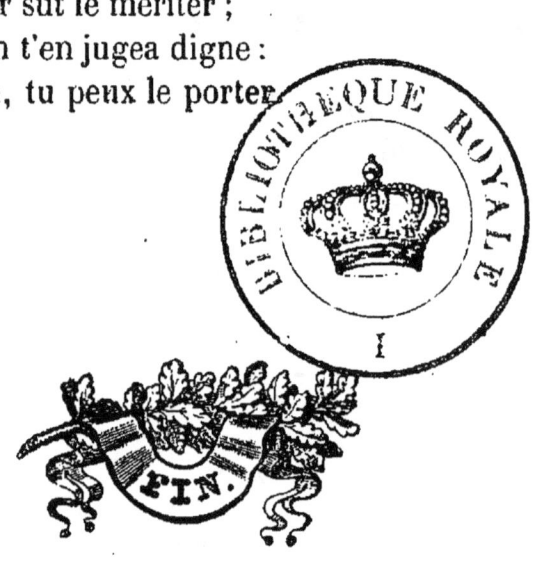

TABLE

		Pages.
I.	La Paille．．．．．．．．．．．．．．．．．．．．．．．．．．．．．．．．．．．．	5
II.	L'Avocat．．．．．．．．．．．．．．．．．．．．．．．．．．．．．．．．．．．．．．	7
III.	Chacun dit : Mon goût est le bon ．．．．．．．．．．．．．．．．	9
IV.	Les Quatre Saisons．．．．．．．．．．．．．．．．．．．．．．．．．．．．．．	10
V.	Le Célibataire．．．．．．．．．．．．．．．．．．．．．．．．．．．．．．．．．．	12
VI.	L'Amour a passé par là．．．．．．．．．．．．．．．．．．．．．．．．．．	14
VII.	Mon Amie. — Romance．．．．．．．．．．．．．．．．．．．．．．．．．	15
VIII.	La Belle Fille aux yeux bleus．．．．．．．．．．．．．．．．．．．．	17
IX.	Couplets sur l'Amour．．．．．．．．．．．．．．．．．．．．．．．．．．．．	18
X.	Haïr est une folie．．．．．．．．．．．．．．．．．．．．．．．．．．．．．．	19
XI.	Il faut s'accoutumer à tout．．．．．．．．．．．．．．．．．．．．．．	21
XII.	Avis aux Jeunes mariés．．．．．．．．．．．．．．．．．．．．．．．．．	23
XIII.	Couplets composés pour le mariage de M. Alfred D***.	24
XIV.	Couplets composés pour le mariage de M. Émile D***.	26
XV.	Couplets composés pour le mariage de M. Raison ．．．．．	27
XVI.	La Veillée d'autrefois et la Soirée d'aujourd'hui．．．．．．．	29
XVII.	La Grisette et la Lorette．．．．．．．．．．．．．．．．．．．．．．．．．	31
XVIII.	Couplets à M. Édouard C***．．．．．．．．．．．．．．．．．．．．．	33

www.ingramcontent.com/pod-product-compliance
Lightning Source LLC
Chambersburg PA
CBHW060518050426
42451CB00009B/1043